CONSIDÉRATIONS

SUR LES FINANCES

DE FRANCE ET DES ÉTATS-UNIS,

A L'OCCASION DE LA DISCUSSION

DE MESSIEURS

SAULNIER, FENIMORE COOPER ET LE GÉNÉRAL BERNARD,

Par Emile Pereire.

EXTRAIT DE LA REVUE ENCYCLOPÉDIQUE.

PARIS.

AU BUREAU DE LA REVUE ENCYCLOPÉDIQUE,

RUE DES SAINTS-PÈRES, n° 26.

MARS 1832.

A partir du 1ᵉʳ mai, la *Revue encyclopédique* paraîtra tous les quinze jours, le 1ᵉʳ et le 15 de chaque mois.

Le prix de l'abonnement est maintenu, pour cette année et pour les personnes qui souscriront avant cette époque, aux conditions suivantes :

	Pour l'année.	Pour six mois.
A Paris	46 fr.	26 fr.
Dans les départemens	53	30
A l'étranger	60	34

CONSIDÉRATIONS

FINANCES DE LA FRANCE ET DES ÉTATS-UNIS.

Aux longues agitations du débat parlementaire a succédé depuis quelques mois un allanguissement général ; le bruit des commotions révolutionnaires semble avoir été étouffé avec les derniers gémissemens de la Pologne, avec l'occupation de la Romagne ; les exils en Sibérie, les massacres de Forli et de Ravenne, l'expédition d'Ancône troublent à peine le marasme de la politique du jour.

La machine gouvernementale va toute seule, malgré la fausse impulsion qu'on cherche à lui imprimer et malgré les résistances des partis contraires.

L'absence de toute vue organique, de toute doctrine politique, de toute théorie financière ou économique, livre la direction des intérêts généraux à l'égoïsme étroit des intérêts individuels ; les convictions politiques s'éteignent ; les plus intrépides défenseurs du système représentatif voient successivement se dissiper les illusions dont ils s'étaient long-tems bercés ; la pondération des pouvoirs n'est plus qu'une chimère, et le lien d'amour qui doit exister entre les membres de la société et ceux qui la dirigent n'est plus qu'un rêve fabuleux, bon tout au plus à orner les discours officiels du nouvel an.

Aussi naguère l'un des défenseurs les plus éloquens du parti doctrinaire (1), en présence des convictions fortes et profondes

---

(1) M. Guizot, séance de la Chambre des députés du 16 *février*.

1

de ses adversaires et de ce qu'il appelait la frénésie des idées révolutionnaires et anarchiques , invoquait-il *l'amour de l'ordre
et l'instinct des honnêtes gens.* Or , quand les institutions sociales
n'ont pour appui que des principes aussi mal définis, il faut cher-
cher ailleurs des ressources contre le mouvement rapide qui , depuis cinquante ans , a emporté dans sa marche tous les obstacles
qu'on a cherché à opposer au progrès

C'est ce que paraît avoir senti l'un des collaborateurs de la
Revue Britannique, M. Saulnier, lorsqu'il a comparé les finances de la France avec celles des États-Unis d'Amérique. Alors
qu'un système politique n'a plus pour base la conviction publique, quoi de mieux que des chiffres pour satisfaire les intérêts?

Dans son travail (1), M. Saulnier s'est proposé d'établir,
sinon par des raisonnemens, du moins par des calculs statistiques, que le gouvernement des trois pouvoirs, *la meilleure
des républiques*, était préférable au gouvernement *à bon marché*
des États-Unis.

De leur côté, les partisans du système américain, se sentant
blessés au vif par la prétendue statistique de M. Saulnier, n'ont
point manqué de ramasser le gant qu'il leur avait jeté ; de là
la polémique qui depuis deux mois fait diversion aux stériles
discussions du budget des dépenses.

Nous allons sommairement rendre compte de ce débat, et
nous dirons ensuite l'impression qui nous en est restée.

M. Saulnier s'est d'abord attaché à prouver, par des calculs
que nous ne chercherons point à analyser, l'inutilité et l'ineffica-
cité des réductions de traitemens ; le haut clergé, la haute ma-
gistrature, les préfets, les receveurs et les directeurs-généraux
ont trouvé en lui un défenseur intrépide. La chambre n'a cependant point eu égard à cet éloquent plaidoyer; le clergé, la ma-
gistrature et les préfets ont été offerts en holocauste au radica-

---

(1) Numéro 12 de la *Revue Britannique*, nouvelle série.

lisme provincial de la chambre élective ; les receveurs et les directeurs-généraux n'auront sans doute point un meilleur sort.

M. Saulnier fait ensuite un relevé des dépenses publiques dans les États-Unis, et après avoir évalué les charges *présumées* des diverses républiques de l'Union, le produit *présumé* des routes à barrières, la dépense *présumée* du clergé, ainsi que celle de la milice nationale, il arrive à former un budget ordinaire de 353 millions de francs, qui représente pour chaque habitant une charge annuelle de 35 francs, tandis qu'en France,le même service ne coûte que 31 francs.

L'ami de Washington, l'un des plus sincères apologistes de la liberté américaine, l'honorable général Lafayette, a provoqué une réfutation de ces argumens ; et, à sa sollicitation, M. le général Bernard et M. Fenimore Cooper ont renversé le système péniblement élevé par M. Saulnier.

M. le général Bernard, après avoir considéré avec impartialité la différence qui existe entre la situation topographique de la France et celle des États-Unis, et après avoir indiqué les causes qui, abstraction faite de la *forme* du gouvernement, nécessitent en France des dépenses plus considérables qu'aux États-Unis, celles par exemple de l'armée et de la dette publique, arrive à établir que les charges des Américains, loin d'atteindre le chiffre de 35 francs, ne s'élèvent point au-delà de 11 francs 47 c. M. Cooper porte ce chiffre à 14 francs 05 c., en y comprenant l'entretien des écoles publiques et des pauvres. Nous évitons les détails, car, dans de semblables matières, on conçoit que les appréciations doivent être très-vagues.

M. Saulnier a cru devoir répliquer (1), et, après de nouveaux calculs, il a porté son chiffre à 36 francs 91 c. ; soit 1 fr. 94 c. en sus de sa première évaluation. Cette réplique a fourni à M. Cooper le sujet d'une série de lettres que *le National* a re-

---

(1) Numéro 16 de la *Revue Britannique*, nouvelle série.

produites. Si dans cette réfutation M. Cooper ne s'est point tenu toujours en garde contre le sentiment de prédilection que doit naturellement lui inspirer un pays qui l'a vu naître, et dont tous les ouvrages qu'il a publiés ont été consacrés à raconter les rapides progrès; on ne peut s'empêcher de reconnaître qu'il a su mettre heureusement en saillie la nullité des argumens à l'aide desquels de prétendus économistes préconisent le luxe des riches, et font sonner bien haut la protection que l'industrie retire des gros traitemens attribués aux fonctionnaires publics.

On a vu que M. Saulnier avait porté à 36 francs 94 c. la contribution de chaque habitant des États-Unis. M. Fenimore Cooper, après avoir examiné ce nouveau travail avec plus de rigueur que le sujet n'en comportait, est arrivé à signaler 19 francs 15 c. 1/2 d'erreur sur cette évaluation; il semblerait ainsi que la contribution devrait être de 17 francs 78 c. 1,2, résultat qui diffère d'une manière assez sensible du premier chiffre qu'il a donné, et qui, comme on le sait, est de 14 francs 05 c. Toutefois M. Cooper a pressenti l'objection : « Je » ne prétends pas, a-t-il dit, à une exactitude minutieuse. Une » approximation suffit en pareille matière. Je me suis efforcé de » rendre palpables les erreurs de M. Saulnier, et non d'établir un » système à moi. Il a admis dans ses calculs divers élémens qui » ne figurent point dans ma lettre au général Lafayette. Il estime » la population tantôt d'après l'année 1828, tantôt d'après l'an- » née 1830; moi, j'ai toujours compté d'après 1851. M. Saul- » nier insiste pour exclure les esclaves, c'est une erreur manifeste » sur la valeur des données du problème, etc..» Il y a certaine- ment du vrai dans ces remarques, mais ce qui en ressort avec non moins d'évidence, c'est qu'il est aussi impossible à M. Saulnier qu'à M. Cooper, d'asseoir un chiffre exact sur des données aussi incertaines que celles dont ils ont pu tous les deux disposer. Les matériaux nous manquent comme à eux pour vérifier l'exactitude des évaluations qu'ils ont respectivement produites. Néanmoins il ressort victorieusement de la discussion, que les calculs de M. Saulnier ne sont point exempts d'une grande exagération;

la manière dont il a groupé les chiffres ne ressemble pas mal aux tours de force de M. Thiers, dans le résumé qu'il a fait à la chambre de la discussion générale du budget des dépenses.

Quant à sa persistance à exclure les esclaves du contingent de la population américaine, par la raison qu'ils n'acquittent point d'impôts par eux-mêmes, nous pouvons affirmer, avec M. Cooper, que M. Saulnier commet en cela une grave erreur; car, en vertu du même principe, on pourrait en exclure également les enfans et les femmes, qui n'acquittent point *directement* leur part à la contribution générale. Lorsque, comme M. Saulnier, on a établi que la branche principale du revenu des États-Unis reposait sur le produit des douanes, par conséquent sur *les impôts de consommation*, l'erreur ressort avec plus d'évidence encore. C'est peu cependant, et si l'on considère que l'esclavage est la condition dans laquelle l'homme retire la plus faible part des fruits de son travail; en partant de ce principe incontestable, que toute richesse est le produit du travail, et que par suite *tous* les impôts sont acquittés par les *travailleurs*, il est vrai de dire, non-seulement que l'esclave des États-Unis participe à la formation de l'impôt, mais encore qu'il acquitte une taxe relativement plus forte que l'homme libre; puisque son travail sert à acquitter sa contribution et celle de son maître.

Nous avons déjà publié dans ce recueil (1) notre opinion sur les réformes financières que réclamait la situation actuelle de la France; loin d'être partisans des économies qui ne résultent que de mesquines réductions sur les traitemens, nous pensons, dans de certaines limites, comme M. Saulnier, que ce n'est point dans cette voie que les contribuables pourront trouver un dégrèvement important. Un fait reste seulement constant, c'est l'exagération des impôts, leur emploi improductif et leur mauvaise assiette. Quel que soit le chiffre moyen de

---

(1) Voyez dans le cahier d'octobre 1831 de la *Revue Encyclopédique* l'Examen du Budget de 1832.

la contribution à New-York, à Philadelphie et à Boston, le problème politique et financier restera toujours le même à Paris ; dans leurs effets actuels les taxes ne seront pas moins accablantes pour les Français, et la nécessité de les réduire ou de les mieux répartir n'en sera pas moins impérieuse.

Le rapprochement de M. Saulnier nous paraît donc dépourvu de tout intérêt ; les bases en sont largement contestables, et il y a quelque chose de fâcheux dans sa persistance à soutenir un système évidemment erroné. Quelles que soient d'ailleurs les recherches statistiques dont il a cherché à l'étayer ; au point de vue financier, il est sans résultats pratiques ; car quelle peut être la valeur d'un rapprochement entre les finances de la France et celles des États-Unis ? Quel rapport peut-il exister entre une nation placée au centre et à la tête de la civilisation de l'Europe, et un peuple neuf, jeté dans des contrées fertiles, et qui, en même tems que son passé est libre de toutes charges, possède devant lui un champ inépuisable d'explorations ?

Les journaux ministériels qui ont commenté ces travaux, *le Moniteur* qui a employé un numéro entier à les reproduire, n'ont point compris la portée des argumens à l'aide desquels le système financier de la France se trouvait justifié. Que ressort-il effectivement des recherches de M. Saulnier ? Est-il constant, pour celui qui est compétent dans la matière, que la contribution de l'habitant des républiques de l'Amérique du Nord est supérieure à celle qui est réclamée à l'habitant de la monarchie représentative de France ? Non, certes. Mais lors même qu'on voudrait admettre pour constant ce fait très-contestable, que prouverait-il ? Est-ce au chiffre de l'impôt que doit se mesurer une bonne ou une mauvaise administration ? Est-ce au chiffre de l'impôt que doit se mesurer la prospérité publique ?

Crier contre le milliard annuel, contre un gros budget, contre de gros traitemens, est une œuvre banale ; c'est un moyen déjà usé par l'ancienne opposition et dont on fait usage contre elle aujourd'hui qu'elle est au pouvoir ; argumenter purement et sim-

plement sur le chiffre moyen de la contribution de chaque individu, c'est commettre la même inconséquence.

Les vrais principes de l'économie politique nous apprennent
que ce n'est point l'élévation des contributions, mais bien l'emploi des sommes qui en proviennent, mais bien encore les sour-
ces auxquelles on les réclame, qui font qu'un gouvernement est
ou n'est pas dans la voie la plus favorable aux intérêts généraux
et privés de la société. Discuter sur le chiffre de l'impôt, abstraction faite de ce double point de vue, est donc chose éminemment
inutile. La question principale à examiner dans de semblables
matières est uniquement dans la direction que le pouvoir, quel
qu'il soit, veut imprimer aux affaires publiques ; si la marche des
gouvernans est en tout conforme aux besoins des gouvernés, si le
produit des taxes est employé de la manière la plus propre à acti-
ver le développement de la prospérité publique, si les impôts
sont assis de telle sorte qu'ils atteignent principalement le *revenu*,
c'est-à-dire la rente que les propriétaires et les capitalistes perçoi-
vent sur les produits du travail, qu'importe au contribuable qui
vit du travail de ses bras qu'à l'aide de relevés statistiques, on
vienne lui apprendre que dans telle contrée l'impôt est plus fort
ou plus faible que dans sa patrie ?

Lorsqu'on veut établir un rapprochement entre les impôts de
deux peuples, il faut songer d'abord à ce dicton populaire : « Le mal
d'autrui ne guérit point celui qu'on a. » Il faut ensuite faire entrer
dans la comparaison des considérations qui seules peuvent aider
à la faire apprécier, il faut examiner d'une part par exemple dans
lequel des deux pays les contributions sont consacrées à des travaux
d'utilité publique, à des routes, des canaux, des chemins de fer,
à des encouragemens industriels et scientifiques, à des fondations
d'écoles, etc. ; il faut examiner d'autre part également dans lequel
des deux pays les deniers des contribuables sont consacrés à do-
er des courtisans, des sinécuristes, de nombreuses armées ; dans
quel pays le travail est le moins encouragé et les intérêts des classes supérieures le plus protégés. Si le gouvernement sous lequel

ou vit est dans cette dernière catégorie, il ne faut point hésiter alors à le ranger, avec M. J. B. Say, au nombre des *ulcères* ; et, quels que soient les calculs dont on corroborera l'impôt, le contribuable ne sera avec raison préoccupé que de l'idée de le réduire ; car on ne saurait jamais accorder trop peu à qui fait un mauvais emploi des capitaux.

Pour ceux qui veulent se rendre compte de la souffrance ou de la prospérité d'un état régi, soit par des institutions monarchiques constitutionnelles, soit par des institutions républicaines, il est un guide plus certain, moins équivoque que le chiffre de l'impôt : c'est la moyenne du taux des salaires comparée à la valeur du prix des subsistances. Lorsque les salaires sont bas et les subsistances chères, l'état est en souffrance. Lorsque la hausse du prix des salaires s'effectue en proportion directe seulement du prix des subsistances, il ne s'est opéré qu'un simple changement dans l'appréciation du signe monétaire ; l'état de la société ne s'est point amélioré. Mais lorsque la hausse des salaires est le résultat d'un plus grand développement du travail, et que par suite de ce développement, de la coordination des efforts et de l'emploi de procédés perfectionnés, les produits de toute nature sont obtenus à des conditions plus favorables, alors l'état est prospère. Nous disons l'état, car aujourd'hui dans toutes les sociétés constituées, le salaire est encore la condition de l'immense majorité.

Au milieu des exagérations que l'on pourrait reprocher au travail de M. Saulnier, que ressort-il d'évident, d'incontestable ? C'est qu'aux États-Unis *la main-d'œuvre est toujours demandée* et par suite le salaire élevé, tandis qu'en France *la main-d'œuvre est toujours offerte* et par suite le salaire avili.

Si à ce contraste déjà fâcheux on veut ajouter celui-ci : que les subsistances sont constamment aux États-Unis à un prix beaucoup plus bas qu'en France (1), ce double phénomène expli-

---

(1) Aux États-Unis le blé est constamment une denrée d'exportation ; quelle que soit la distance qui nous sépare du continent américain, les farines des

quera les perturbations qui agitent sans cesse la société française, tandis que les mêmes symptômes ne se rencontrent point dans la société américaine, qui cependant, eu égard à la grande extension du système électoral, a, dans son sein, de nombreuses causes d'agitation et de désordre.

Ces résultats dérivent-ils de la *forme* des institutions qui régissent les deux états que nous venons de comparer? Un président électif ou un roi constitutionnel sont-ils, l'un une cause de prospérité, l'autre une cause de détresse publique? Évidemment non.

Comme nous l'avons dit plus haut, l'Amérique est placée dans des conditions sociales exceptionnelles; son passé ne lui a point laissé de charges; la terre s'offre au travail de l'homme à peu près dégagée de toutes redevances. Par redevances ce ne sont point des charges publiques dont nous prétendons parler ici, mais bien seulement des charges qui, dans les états européens, portent sur les *travailleurs : le loyer des terres, les fermages.*

La main d'œuvre entre pour la plus grande partie dans le prix des produits agricoles des États-Unis; la part qui dans ce prix est le résultat du privilége du propriétaire y est d'une faible importance; car, en raison de l'énorme étendue de bonnes terres, qui, faute de bras, reste encore sans culture, la valeur du sol est très-faible, et en général la qualité de *propriétaire* se trouve confondue avec celle de *travailleur.*

États-Unis approvisionnent les marchés français, et, après le sur-enchérissement qu'elles ont éprouvé par les frais de transport, d'assurance, etc., elles peuvent encore acquitter les droits d'entrée qui sont souvent très forts. Le prix de la livre de pain, dans les villes principales de l'Union, varie entre 7 $\frac{1}{2}$ c. et 15 c. de notre monnaie (1 $\frac{1}{2}$ s. à 3 s.) selon les qualités; les ouvriers consomment ordinairement un pain bis qui leur coûte 7 $\frac{1}{2}$ c. la livre. Toutefois le pain n'est point, en Amérique, une nourriture de première nécessité; les Américains consomment principalement des pommes de terre et du riz qu'ils obtiennent encore à des conditions relativement plus favorables. En raison du bas prix des terres, les pâturages sont abondans, et l'éducation des bestiaux très-facile; la viande s'obtient dès lors à un prix plus bas qu'en France.

Il n'en est point de même en France ; au fur et à mesure que le sol a été successivement exploité, le prix des fermages s'est successivement élevé en raison d'abord de la différence entre les bonnes et les mauvaises terres, ainsi que Ricardo l'a fait remarquer, et ensuite en raison de l'accroissement de la population qui a produit l'offre de la main d'œuvre.

La question financière n'est donc point aussi facile à résoudre en France qu'aux États-Unis. Aux États Unis la limite de l'exploitation des bonnes terres ne pourra de long-tems encore être atteinte. En France, au contraire, cette limite a été considérablement dépassée. Les rapides accroissemens de la population ont fait successivement cultiver les terres de qualité très-inférieure, et ce mode d'activité n'ayant pu satisfaire encore à l'offre toujours croissante de la main d'œuvre, il en est résulté que la concurrence des travailleurs a dû accroître le prix des fermages. Mais la révolution française, en prononçant l'abolition de la plupart des monopoles industriels, a ouvert au travail un nouveau champ à parcourir. Cette révolution industrielle, en même tems que politique, a modifié, en faveur des producteurs, ces conditions déplorables, en appliquant à des travaux manufacturiers ou commerciaux l'exubérance de bras que l'agriculture ne pouvait plus occuper. Cette transition s'est néanmoins opérée d'une manière désordonnée ; les souffrances et les tiraillemens qui affligent aujourd'hui la société sont le résultat de cette activité déréglée.

La distinction entre les bonnes et les mauvaises terres n'est point nouvelle ; mais Ricardo, en l'examinant du point de vue scientifique, n'a vu dans cette question d'économie politique qu'une simple justification des *fermages* ; il n'a point suffisamment compris que, dans la différence entre les bonnes et les mauvaises terres, gisait toute la question de *l'assiette de l'impôt.*

Dans un bon système financier, en effet, l'action gouvernementale doit tendre de plus en plus à *égaliser les chances* des travailleurs ; elle doit, de plus en plus, rendre égales pour *tous*

ies conditions du travail : c'est là le but final de toute association ;
pour y parvenir, l'impôt doit arriver *successivement* à prélever, au
profit des intérêts généraux, la différence entre les bonnes et les
mauvaises terres, différence qui , sous forme de fermages, est aujourd'hui l'apanage de quelques classes privilégiées.

Ce but, nous le savons, ne peut être de long-tems atteint ;
il serait funeste même qu'il le fût promptement ; nous le signa-
lons comme une tendance inévitable et comme un des progrès
les plus importans que la politique moderne doit accomplir. C'est
par là que la fiscalité , long-tems oppressive pour les peuples ,
sera vraiment tutélaire , vraiment protectrice de leurs intérêts
les plus chers. Ainsi pourront disparaître toutes les charges publiques ou privées dont les travailleurs sont aujourd'hui acca-
blés.

Si M. Saulnier avait envisagé, sous ce point de vue, la question financière qu'il a essayé de traiter ; en un mot, s'il avait fait
de l'économie politique et non point seulement de la statistique,
il serait arrivé à des résultats entièrement contraires à ceux qu'il
a voulu obtenir.

Comment concevoir, en effet, que dans sa comparaison entre
les finances des États-Unis et celles de la France, M. Saulnier
n'ait point été frappé des rapprochemens qui ont servi de base à
ses calculs ? Voici ce que nous extrayons de son premier article :
« La moyenne du traitement des employés de la trésorerie de
» Washington est de 5,512 fr. , et celle des employés du mi-
» nistère des finances à Paris n'est que de 2,620 fr. , c'est-à-
» dire moins de la moitié.

» Le directeur-général des postes reçoit le même traitement
» que les secrétaires d'état. Il a par conséquent une douzaine de
» mille francs de plus que celui qui occupe la même position en
» France.

» Les traitemens des officiers de l'armée sont également bien
» supérieurs aux nôtres ; la plupart même, sont deux ou trois
» fois plus forts, etc. »

Évidemment, lorsqu'on peut ainsi rétribuer généreusement les divers fonctionnaires de l'état, sans que la prospérité générale en soit troublée, où donc est le mal, surtout lorsque cet excédant de traitement est le résultat d'une meilleure combinaison du travail?

Il n'est peut-être point inutile de faire remarquer que, malgré la haute paie des militaires américains, le budget de la guerre, y compris les dépenses du matériel de l'artillerie et des fortifications, ne s'élève aux États-Unis qu'à 28 millions, tandis qu'en France le même service, en 1831, a coûté 373 millions, et qu'en 1832, le ministre a encore réclamé 307 millions, indépendamment des crédits supplémentaires.

Nous lisons encore dans le travail de M. Saulnier : « En France, » pour administrer un budget de plus d'un milliard, il n'y a » pas plus de neuf cents employés dans les bureaux du ministère » des finances ; la trésorerie des États-Unis, qui n'a à recevoir » et à dépenser qu'environ 132 millions de francs, en compte » cent cinquante-quatre. D'après cette base, il en faudrait près de » quinze cents pour administrer nos finances. »

Mesurer le nombre des employés de la trésorerie au chiffre total de la recette est le plus étrange abus qu'on puisse faire de la statistique ; à ce compte, on pourrait dire avec le même fondement qu'un navire chargé de vanille, d'indigo et de cochenille, devrait avoir un équipage cent fois plus considérable que le navire qui transporterait une cargaison de sucre et de coton, dont la valeur est cent fois moins forte.

Nous le demandons en bonne conscience, si d'un jour à l'autre les chambres jugeaient à propos *de doubler* les contributions directes (chose qu'elles ne feront certes pas, et pour cause), qui s'élèvent à 372,746,909 fr., et qui forment conséquemment plus du *tiers* du budget actuel, pense-t-on que le nombre des employés de l'administration centrale devrait s'accroître, je ne dirai point dans une proportion égale, mais même dans la plus légère proportion? Si M. Saulnier avait voulu se rendre un compte exact de l'administration financière des deux pays, il se serait borné à comparer le nombre des employés des trésoreries de France et des États-Unis avec leur population respective.

Avant de faire nous-même cette comparaison, nous relèverons une erreur de M. Saulnier : l'équivalent de la trésorerie de Washington est, en France, l'administration *centrale* des finances, plus la cour des comptes ; en ouvrant donc le budget de 1832 (pages 510-518), on trouve un personnel de *dix-neuf cent dix-huit* employés, et non point seulement de *neuf cents*, comme M. Saulnier le prétend.

Or, si l'administration financière de 13,250,000 habitans des États-Unis (1) occupe 154 employés, la même administration, pour les 31,845,428 habitans de la France, n'en devrait occuper que 370 ; il y en a cependant en réalité 1918. Le résultat du rapprochement est dès lors peu favorable à la France (2).

En choisissant la population pour base de l'évaluation, nous avons suivi la seule marche rationnelle, et nous devons même ajouter que cette base est encore défavorable aux États-Unis; car la population américaine étant dispersée sur un territoire quatre fois et demie plus étendu que celui de la France, les frais d'administration en devraient être relativement plus élevés.

Un tel rapprochement suffit pour faire apprécier la fiscalité

---

(1) J'emprunte ce chiffre à M. Cooper, pour éviter toute contestation ; il résulte de l'état imprimé (Voy. p. 20 de cet article) qu'en 1832 la population devrait être de 13,627,534 habitans. Voici comment j'établis mon calcul ; la population, en 1820, était de 9,638,166 ; elle s'est accrue, en dix ans, de 3,217,999 ; puisqu'elle s'élève, en 1830, à 12,856,165, l'accroissement, pour dix ans, est de 30 pour 100 ; pour deux ans cet accroissement est conséquemment *au moins*, 6 pour 100 ; si l'on ajoute à 12,856,165, 6 sur 100, on trouve 771,369, qui donne une population de 13,627,534 habitans en 1832.

(2) Si la trésorerie de Washington occupait un nombre d'employés proportionnellement égal à celui de l'administration centrale des finances de Paris, au lieu de 154 fonctionnaires qu'elle rétribue, elle en aurait 800. Aux États-Unis on peut donc élever les traitemens et faire encore des économies.

française ; ce mécanisme si vanté, et qui cependant, en multipliant les rouages de l'impôt, semble n'avoir d'autre objet que d'entraver le travail, que d'accabler les contribuables de charges intolérables, et d'entretenir une armée de fonctionnaires. Occuper dix-neuf cent dix-huit employés, là où *proportionnellement* les États-Unis n'en occupent que trois cent soixante-dix, donne la mesure approximative des réductions que le service central et le service départemental de l'administration des finances (1) pourraient éprouver, si l'assiette actuelle des impôts était réformée, c'est-à-dire si elle était ramenée à un système plus *unitaire*.

Si M. Saulnier a involontairement fourni des armes contre lui en prenant pour la base de ses calculs le nombre des employés des finances, il n'a point été plus heureux en argumentant sur le taux des salaires des deux nations. Selon lui (page 282 de son second article), le prix moyen de la journée de travail est, aux États-Unis, de 4 fr. 50 c., et en France, de 1 fr. 50 c. (2). Veut-on maintenant admettre par hypothèse un instant qu'il a

----

(1) Cette administration absorbe environ le dixième des dépenses publiques de la France :

Le ministère des finances figure au budget (f° 78) pour.....	22,787,500 f.
Les frais de régie, de perception et d'exploitation (f° 79) pour..	118,211,833
	140,999,333
Il faut en déduire, pour la fabrication des tabacs et des poudres, et pour les frais matériels des postes, etc., environ..	40,999,333
Ensemble des frais de l'administration des finances......	100,000,000 f.

(2) Nous croyons qu'il y a quelque exagération dans cette double évaluation. Les données exactes nous manquent pour apprécier le salaire des États-Unis ; quant au salaire en France, nous lisons, dans le rapport sur la loi des céréales, présenté le 5 mars 1832 à la Chambre des députés par M. Charles Dupin, que la journée de travail ne s'élève qu'à 1 franc 15 c. Nous prendrons cependant les chiffres tels que M. Saulnier les a donnés ; il est plus simple de le réfuter avec ses propres argumens.

exactement apprécié les contributions de la France et des États-Unis, qu'en ressort-il ? c'est qu'en divisant la taxe américaine de 36 fr. 94 c. par 4 fr. 50 c., prix de la main d'œuvre, on trouve que cet impôt est égal à huit jours et un cinquième de travail ; tandis qu'en France, une taxe de 31 fr., divisée par 1 fr. 50 c., représente un impôt égal à vingt jours et deux tiers de travail. Selon les chiffres de M. Saulnier, le contribuable français acquitte donc un impôt de vingt jours deux tiers de travail, tandis que le contribuable américain ne donne que huit jours un cinquième pour le même service. Le Français paie conséquemment douze jours trois septièmes, soit *une fois et demie de plus* que l'Américain (1).

C'est là que gît réellement toute la question ; on a beau accumuler des chiffres, on ne peut point éviter cette conclusion ; car le signe monétaire n'a d'autre objet que de représenter, dans les échanges, la valeur des produits du travail ; lorsqu'on acquitte sa contribution en numéraire, on délègue sur le fruit de son travail une indemnité en faveur de ceux qui consacrent tout leur tems à l'œuvre sociale ; la contribution n'est donc que la représentation de la part de travail que chaque contribuable doit accomplir, dans la société dont il fait partie. Or, même en admettant toutes les exagérations de M. Saulnier, les contributions moyennes de France et d'Amérique sont dans le rapport de cinq à deux ; cinq pour la France, et deux pour les États-Unis.

« Bon gré mal gré, a dit M. Saulnier, il faut renoncer à la
» phrase toute faite de *gouvernement à bon marche*; cette phrase

---

(1) Le service militaire, qui est aussi une charge publique, n'est point compris dans cette évaluation. La France a sur pied quatre cent mille hommes, et les États-Unis en ont six mille seulement.

Ainsi cet impôt, le plus dur de tous, enlève en France au travail *un* homme sur 80 habitans; et aux États-Unis *un* seulement sur 2200.

En prenant pour base l'impôt moyen et le salaire tels que M. Saulnier les a donnés pour la France et les États-Unis; sur 300 jours de travail l'impôt représente aux États-Unis 2 $^3/_4$ °/₀ sur le bénéfice annuel et en France 7 °/₀.

» ne serait plus que ridicule ; le gouvernement des États-Unis » n'est point à bon marché, il ne peut pas l'être. » Évidemment il faudra des argumens plus concluans que ceux qu'il a donnés jusqu'à ce jour, pour motiver de semblables prétentions.

Nous n'avons pas cru devoir réfuter pied à pied toutes les erreurs de M. Saulnier ; nous nous sommes bornés à donner des aperçus généraux sur la situation financière des deux pays qu'il a comparés, et nous avons incidemment redressé des appréciations erronées, dont la plus légère renversait toutes les bases de son travail ; au point de vue de la science économique les recherches auxquelles il s'est péniblement livré nous ont paru de peu de valeur ; car, nous devons le répéter, ce n'est point au chiffre de l'impôt que doit se mesurer la prospérité d'un état, mais bien à la situation des classes ouvrières, des classes inférieures de la société.

En conséquence, nous allions borner là notre examen, mais, au moment de clore notre article, nous voyons que M. le président du conseil des ministres (1) s'est appuyé sur les évaluations du rédacteur de la *Revue Britannique* pour affirmer à la tribune de la chambre des députés que « les charges communes de » chaque citoyen des États-Unis s'élèvent à 37 fr., tandis qu'en » comparant ces charges avec le chiffre de notre budget, nous » n'avons que 33 fr. par chaque individu. »

Bien que nous pensions avoir déjà détruit l'échafaudage de M. Saulnier ; tandis qu'on imprime les pages qui précèdent, nous allons jeter encore les yeux sur son travail pour présenter brièvement de nouvelles observations.

Pour établir impartialement l'état des dépenses de la France et des États-Unis, il faudrait distinguer, comme l'a fort bien dit M. Odilon-Barrot, les dépenses productives et improductives des deux pays (2). Il faudrait mettre, par exemple, en re-

----

(1) *Moniteur* du 10 mars 1832.

(2) Voir ce que nous avons déjà dit à cet égard, page 73.

gard les allocations qui sont faites en Amérique, pour les écoles publiques, avec les 900,000 fr. qui sont alloués en France pour l'instruction de tous les prolétaires français.

Il faudrait comparer le développement respectif des routes, des canaux, des chemins de fer, et songer que si la France acquitte aujourd'hui les charges du passé, elle jouit aussi, en retour, des travaux des générations passées ; et qu'en compensation d'une dette considérable nous avons un système de communications, qui, s'il était à créer, nécessiterait des dépenses énormes. Tandis que les États-Unis sont, au contraire, un pays neuf ; que, s'ils n'ont qu'une dette dont le remboursement est proche, ils ont à créer toutes leurs routes, à fonder des villes, etc. Aussi les travaux publics s'y développent-ils chaque jour avec une étonnante rapidité (1) ; en voici un exemple assez concluant :

------

(1) Nous extrayons d'un manuscrit qui nous est communiqué ces intéressans renseignemens :

« L'état de New-York est entré le premier dans la carrière (des grands travaux). De 1817 à 1833 il aura lié par des canaux tous ses lacs et toutes ses rivières. Aujourd'hui sa dette pour les canaux est de 7,825,036 dollars ; amortissement en 1831 — 1,744,475 dollars ; la liquidation en sera faite dans six à sept ans.

» La Pensylvanie canalise toutes ses rivières, et surtout la Susquehana, la plus grande de celles de l'Union, à l'est des Alléganis ; un chemin en fer franchira cette chaîne, haute d'environ deux mille toises, et liera l'Ohio au versant de l'est : ce travail, commencé en 1826, sera terminé en 1836, il aura quatre cents milles de longueur.

» La ville de Baltimore fait depuis 1828 un chemin en fer de deux cent cinquante milles jusqu'à l'Ohio, à travers la même chaîne de montagnes.

» L'état de l'Ohio a commencé ses canaux en 1825 : en 1831, il y en a déjà trois cent cinquante milles de navigables ; il en aura quatre cent milles pour le premier juillet 1832.

» En un mot, tous les états rivalisent d'émulation pour développer leur prospérité particulière. Il n'existait pas dans toute l'Union cent milles de canaux en 1817, en 1836 il y en aura près de trois mille milles qui parcourront une navigation artificielle et naturelle de trente-cinq mille milles. L'Angleterre a fait en soixante-dix années deux mille sept cents milles de canaux qui ont coûté

Aux États-Unis, dans l'espace de quarante années, les routes et les bureaux de poste se sont développés dans la proportion suivante (1) :

	Bureaux de poste.	Routes : nombre de milles.
Il existait en 1790	75	4,875
— 1800	903	20,817
— 1810	2,300	36,406
— 1820	4,500	72,492
— 1830	8,450	115,476

Ainsi, sans remonter à 1790 où il n'y avait, pour ainsi dire, point de routes, ni de bureaux de poste ; on voit que, dans l'espace seulement de dix années (de 1820 à 1830), le nombre des bureaux de poste a été à peu près *doublé*, et que l'extension des routes s'est effectuée dans la proportion énorme de *soixante pour cent*.

Les États-Unis présentent le beau spectacle d'un pays qui voit accroître sa population, sans que le prix des salaires en éprouve une réduction. Voici les progrès qui ont été effectués dans l'espace de quarante années :

La population était en 1790 de................	3,929,728 habitans.
1800 de................	5,309,758
1810 de................	7,239,903
1820 de................	9,638,166
1830 de................	12,856,165 (2)

Dans un tableau détaillé de la population des vingt-quatre ré-

---

132 millions de dollars ; les États-Unis en vingt ans en auront fait davantage et à moins de frais..... »

Quand on compare ces résultats à l'état des canaux commencés en France par le gouvernement, et aux empêchemens puérils qui ont entravé l'entreprise du tout petit chemin en fer de Paris à Pontoise, on n'est point en droit de ravaler l'administration des États-Unis.

(1) Ces chiffres sont emp untés à l'*Almanach Américain* de 1832, recueil très-intéressant, qui est dans le genre de l'*Annuaire du bureau des longitudes*, mais qui est beaucoup plus complet ; il est imprimé à Boston.

(2) Tandis que de 1820 à 1830 la population des États-Unis s'augmentait de trente pour cent, dans la même période elle ne s'est accrue en France que de 3 pour cent.

publiques des États-Unis, en 1828, M. Saulnier ne produit qu'un chiffre total de 9,514,347. On voit par le relevé ci-dessus qu'en 1820 seulement la population était plus forte qu'il ne la suppose en 1828; lors même que M. Saulnier voudrait prétendre que les esclaves ne sont point compris dans son évaluation, elle serait encore fautive; car, en faisant un simple calcul de proportion, on trouve qu'en 1828 la population libre devait s'élever à. . . . . 10,200 habitans
et le nombre des esclaves à. 1,800

Ensemble de la population en 1828. . . 12,000 habitans.

De semblables résultats donnent la mesure de la manière de calculer de M. Saulnier.

(Voyez le TABLEAU ci-contre.)

Voici, du reste, le tableau officiel de la population générale des États-Unis.

POPULATION DES ÉTATS-UNIS

D'APRÈS CINQ RECENSEMENS OFFICIELS.

ÉTATS ET TERRITOIRES.	1ᵉʳ RECENS. en 1790.	2ᵉ RECENS. en 1800.	3ᵉ RECENS. en 1810.	4ᵉ RECENS. en 1820.	5ᵉ RECENS. en 1830.	Pour cent en 10 ans.
Maine.	96,540	151,719	228,705	298,335	399,462	33.9
New-Hampshire .	141,885	183,858	214,460	244,161	269,533	10.4
Vermont. . . .	85,139	154,465	217,895	235,764	280,679	19.0
Massachussets. .	378,787	422,845	472,040	523,287	610,014	16.6
Rhode-Island. . .	68,825	69,122	76,931	83,059	97,210	17.0
Connecticut. . .	237,946	251,002	261,942	275,248	297,711	8 2
New-York. . .	340,110	586,050	959,046	1,372,812	1,913,500	39.4
New-Jersey. . .	184,139	211,149	245,562	277,575	330,779	15.6
Pensylvanie. . .	434,373	602,545	810,091	1,049,313	1,347,672	28.4
Delaware. . . .	59,096	64,273	72,674	72,749	76,739	5.5
Maryland.. . .	319,628	345,824	380,546	407,350	446,913	9 7
Virginie. . . .	747,610	880,200	979,622	1,065,366	1,211,272	13.7
Caroline du Nord.	393,951	478,103	555,500	638,826	738,470	15.6
Caroline du Sud. .	249,073	345,591	415,115	502,741	581,458	15.7
Géorgie. . . .	82,548	162,686	252,433	340,989	515,567	51.5
Alabama. . . .	»	8,850	40,352	127,901	308,997	141.6
Mississipi. . . .	»			75,448	136,806	80.1
Louisiane. . . .	»	»	76,556	153,407	215,575	40.7
Tennessée. . . .	»	105,602	261.727	420,813	684,822	62.7
Kentucky. . . .	73,677	220,959	406,511	564,317	688,844	22.1
Ohio.	»	45,365	230,760	531,434	937,679	61.2
Indiana. . . .	»	4.651	24,520	147,178	341,582	132.1
Illinois.. . . .	»	215	12,282	55,211	157,575.	185.4
Missouri. . . .	»	»	19,783	66,586	140,074	110.4
Dist. de Columbie.	»	15,093	24,023	33,039	59,858	20.1
Michigan (Terr.).	»	551	4,762	8,896	31,260	250.1
Arkansas (Terr.).	»	»	1,862	14,273	30,383	113.3
Florides (Terr.). .	»	»	»	»	34,723	»
TOTAUX. .	3,929,328	5,309,758	7,239,983	9,638,166	12,856,165	33.4

ÉTAT DE LA POPULATION ESCLAVE.

ESCLAVES DANS LES ÉTATS-UNIS, CONFORMÉMENT AUX CINQ RECENSEMENS OFFICIELS.

ÉTATS.	1790.	1800.	1810.	1820.	1830.
Maine	»	»	»	»	»
New-Hampshire	158	8	»	»	»
Vermont	16	»	»	»	»
Massachussets	»	»	»	»	»
Rhode-Island	948	380	108	48	14
Connecticut	2,764	951	310	97	23
New-York	21,324	20,613	15,017	10,088	46
New-Jersey	11,423	12,422	10,851	7,557	2,246
Pensylvanie	3,737	1,706	795	211	386
Delaware	8,887	6,153	4,177	4,509	3,305
Maryland	103,036	108,554	111,502	107,398	102,878
Virginie	292,627	346,968	392,518	425,154	469,724
Caroline-Nord	100,572	133,296	160,824	295,017	246,462
Caroline-Sud	107,094	146,151	196,365	258,475	315,665
Géorgie	29,264	59,699	105,218	149,656	217,470
Alabama	»	3 489	17,088	41,879	117,294
Mississipi				32,814	65,659
Louisiane	»	»	34,660	69,064	109,631
Tennessée	»	13,584	44,535	80,107	142,332
Kentucky	12,430	40,343	80,561	126,732	165,350
Ohio	3,417	»	»	»	»
Indiana	»	135	237	190	»
Illinois	»	»	168	917	746
Missouri	»	»	3,011	10,222	24,990
Columbie	»	»	5,395	6,377	6,050
Michigan	»	»	24	»	27
Arkansas	»	»	»	1,617	4,578
Florides	»	»	»	»	15,510
TOTAUX	697,697	896,849	1,191,364	1,538,064	2,010,436

Ce dernier état se trouve compris dans le premier. Le gouvernement américain n'a point, comme M. Saulnier, commis la faute de retrancher les esclaves de l'ensemble de la population ; nous avons déjà prouvé combien la prétention de M. Saulnier à cet égard était peu fondée ; voici le raisonnement dont il l'a appuyée :

« Il me reste, dit-il, à signaler des fautes *plus graves* , et qui
» ont *faussé* le résumé de l'honorable général (le général Lafayette).
» Il me reproche de n'avoir porté le chiffre des contribuables des
» États-Unis qu'à une somme ronde de 11,000,000, qui, d'après
» le dernier recensement, était de 12,856,000. — *L'erreur* de mon
» adversaire provient de ce qu'il a compris dans son chiffre les
» nègres esclaves, tandis que je n'ai porté dans le mien que celui
» des personnes libres, comme cela devait être. Dans quelques
» états du Sud, ces infortunés sont taxés ; mais ils le sont comme
» des têtes de bétail, comme le sont également, dans les mêmes
» états, les bœufs, les chevaux, les moutons, etc. D'ailleurs le pro-
» duit de cette taxe, acquittée par les propriétaires de noirs, n'est
» pas versée au trésor fédéral. »

Quand on a lu ces lignes, on a besoin de se rappeler que, quelques pages auparavant, M. Saulnier s'est élevé avec une généreuse sympathie contre l'existence de l'esclavage dans l'Union américaine. Quelle que soit donc *la forme* de l'impôt qui frappe la population esclave, lorsqu'on ne sanctionne point l'affreux préjugé des *deux natures* , on ne doit point exclure du contingent général de la population des hommes qu'une législation barbare retient encore dans une condition déplorable. Aux yeux du philantrope, tout aussi bien qu'aux yeux de l'économiste, les esclaves des États-Unis ne sont, comme l'a fort bien dit M. Fenimore Cooper , que des *producteurs*; des producteurs qu'on exploite, à la vérité, à un degré beaucoup plus intense que les *salariés*.

Dans une note (page 231 , second article), que le *journal des Débats* (1) a complaisamment reproduite, M. Saulnier s'exprime ainsi : « Les indications ci-jointes pourront donner quelque idée
» de l'étendue du *paupérisme* aux États-Unis. Les philantropes
» américains attribuent en général cette *calamité* sociale à l'in-
» tempérance.

------

(1) *Journal des Débats* du 23 février.

» Le nombre des pauvres admis dans les hospices de Philadel-
» phie était :

			dollars.	francs.
En 1823 de 4,908 , et leur dépense s'élevait à			144,557	783,498
1824	5,251	....	198,000	1,073,160
1825	4,394	....	204,000	1,089,120
1826	4,272	....	129,000	699,180

» On calcule que dans ce comté la taxe pour les pauvres s'é-
» lève à près de 5 fr. par contribuable.

» D'après le compte rendu en 1821 à la législature du New-
» Hampshire, la dépense des pauvres s'est élevée, de 1799 à
» 1820, à 726,547 doll., ou 36,327 doll. (196,892 fr.), année
» moyenne.

» Au Massachussets, le nombre des pauvres est de 7,000 et
» la dépense annuelle de leur entretien coûte 470,582 doll. (2 mil-
» lions 550,654 fr.). Or la population de cet état étant de
» 610,000 ames, la dépense moyenne des pauvres équivaut à une
» dépense de plus de 4 fr. par contribuable. Ainsi donc, en portant
» à 4 fr. la totalité des dépenses des comtés et des districts, j'ai dû
» faire une évaluation plutôt au-dessous qu'au-dessus de la réalité. »

Pour apprécier ce que le nombre de 4272 pauvres peut avoir
de calamiteux pour la ville de Philadelphie, il est bon de consulter le recensement officiel de la population ; on y trouve que
cette ville renfermait :

En 1790	42,520 habitans.
En 1800	60,287
En 1810	96,664
En 1820	119,325
En 1830	147,811

Or en 1826, la population devait être environ de 144,000
habitans, le nombre des pauvres était donc dans le rapport d'un
peu moins de *trois sur cent !*

Dans le Massachussets, 7,000 pauvres sur 610,000 habitans
représentent environ *un sur cent !*

Si maintenant je veux avoir *quelque idée* de l'étendue *du paupérisme* en France, j'ouvre *l'Annuaire du bureau des longitudes,*

et j'y vois, page 87, que dans la ville de Paris le nombre des décès *à domicile* s'est élevé en 1850 à 15,664,
et dans les *hôpitaux*, dans les *prisons* et à la
morgue à 12,202,

      Total des décès. . . . . 27,866.

Le rapport entre les 12,202 décès et l'ensemble de la morta-
lité est de *quarante-quatre et demi sur cent.*

Les naissances présentent des résultats non moins affligeans.
En 1850, toujours dans la ville de Paris :

    Il est né dans le mariage. . . . . 18,560 enfans.
    »   hors le mariage. 10,007

    Nombre total des naissances. . . 28,567

Ce nombre présente encore cet autre aperçu :

    Naissances à domicile. . . . . 23,065 enfans.
    Naissances aux hôpitaux. 5,522

                                28,587

Je consulte maintenant une lettre, signée par le maire et tous
les membres du bureau de bienfaisance du douzième arrondissement de Paris, que les journaux ont reproduite le 30 décembre
1831 et j'y trouve :

» La population du douzième arrondissement, qui s'élève à
» environ quatre-vingt mille habitans, compte, dans ce nom-
» bre, près de vingt-quatre mille personnes inscrites sur les
» contrôles, et qui sont dans la misère la plus affreuse ; ce sont,
» pour la plupart, de malheureux ouvriers chargés de famille
» et des vieillards, que le bas prix des logemens fait refluer,
» sur la fin de leur carrière, de tous les quartiers de Paris dans
» le nôtre.

» Cette population si malheureuse manque de pain et de vête-
» mens ; beaucoup sollicitent comme une faveur *quelques bottes*
» *de paille pour se coucher*, et les ressources ordinaires du bu-
» reau de bienfaisance ne permettent pas même d'accorder *deux*
» *livres de pain par mois* à chaque indigent. . . . . »

J'ouvre encore un compte rendu de l'Académie des sciences, séance du 6 février 1832, et j'y vois, dans un travail qui est lu par M. Cosmeny. « Que la ville de Reims, sur une population de 36,000 ames, compte 20 à 22,000 ouvriers non patentés, *sur lesquels 11,500 indigens* représentés par 4,200 ménages. *Par suite des événemens de juillet, la ville ayant été obligée de venir au secours de la classe ouvrière*, une cotisation de 25,000 francs fut mise à la disposition du bureau de bienfaisance. On était au mois de septembre, il fallait passer l'hiver..... »

11500 indigens sur 36,000 ames, c'est *trente-deux sur cent*. Ce qu'il y a de plus remarquable dans l'extrait que nous venons de reproduire, c'est cette phrase : « Par suite des *événemens* de juillet, la ville ayant été *obligée* de venir au secours de la classe ouvrière. » Il ne fallait en effet rien moins qu'un tel événement pour faire déroger à un principe ! On s'élève assez vulgairement contre la *taxe des pauvres*, et nos hommes d'état, bons philantropes d'ailleurs, frémissent à la seule pensée de voir s'établir en France cette *plaie* de la Grande-Bretagne.

Une telle répugnance est évidemment le résultat d'une erreur, et l'on prend ici *l'effet* pour la *cause*. La *plaie* de l'Angleterre ne gît certainement point dans la *taxe des pauvres*, mais bien dans *l'existence de la pauvreté*, pauvreté qui dérive à son tour de la concentration des propriétés territoriales dans les mains de l'aristocratie anglaise, qui, comme on sait, a jusqu'à ce jour fait les lois et s'en est attribué les profits. *La taxe des pauvres* n'est donc au-delà du détroit qu'un supplément de salaire, qu'une rétribution faite par l'état aux ouvriers, pour atténuer les effets occasionés par l'élévation des fermages, par la législation des céréales, etc, etc. La *plaie* de l'Angleterre est donc uniquement dans les priviléges de l'aristocratie, qui font qu'à l'aide d'un travail opiniâtre, un ouvrier ne peut, quelque élevé que soit son salaire, subvenir aux besoins de sa famille.

Lorsque la pauvreté existe, il faut d'abord la soulager, puis songer ensuite au moyen de la faire cesser; en ce sens, nous pensons que le gouvernement peut et doit , sans craindre de déroger aux bons principes, accorder des secours lorsqu'ils sont indispensables.

Maintenant nous ne ferons point de réflexions sur ce rapprochement :

En 1825, aux États-Unis, 4,594 pauvres ont eu à dépenser 1,089,420 fr
En 1851, en France,   11,500 pauvres ont eu à dépenser   23,000

On peut se faire, d'après cela, *une idée* de l'état du paupérisme aux États-Unis !

Revenons à M. Saulnier ; ceux qui ont lu ses deux articles auront pu remarquer le soin minutieux avec lequel il a rassemblé et supputé les dépenses des États-Unis. Voici maintenant comment il a apprécié les charges de la France ; nous laisserons ensuite à M. Saulnier lui-même le soin d'examiner si ce vers du fabuliste n'est point ici de circonstance :

Lynx envers nos pareils et taupes envers nous.

Nous lisons dans son second article, page 246 (1) :
« Voyons quel est le *total général* des charges ordinaires de la
» France :

» Budget comprenant à la fois les recettes faites pour
    » l'état et celles des départemens................. 960,000,000 fr.
» Service de la garde nationale. 100,000,000
» Casuel du clergé............................... 15,700,000

TOTAL GÉNÉRAL........... 1,075,700,000 fr.

» D'où résulte pour le contribuable français une moyenne de
» 33 fr. 60 c. Ainsi donc, même en comptant le service de la
» garde nationale comme un service permanent, quoique une expérience de quarante années fasse voir qu'il n'a jamais été que

---

(1) Le *Journal des Débats* du 23 février a également reproduit ce calcul.

» temporaire, la moyenne des charges publiques en France est
» inférieure à celle des États-Unis. »

M. Saulnier ajoute ensuite : « Il y a plusieurs déductions à
» faire du budget français.

» En effet, moyennant les recettes de son budget ordinaire, la
» France est défrayée de la dépense qu'elle aurait à faire pour
» acheter du tabac, des cartes à jouer, de la poudre dont le gou-
» vernement s'est réservé le monopole. Au fond on ne peut con-
» sidérer comme un impôt que l'excédant que paie le contribuable
» français, en sus du prix qu'il eût donné pour ces divers articles
» si le commerce en eût été livré à la concurrence. Pour établir cet
» excédant, il faut déduire : 1° l'achat de la matière première ; 2°
» les frais de manipulation ; 3° un bénéfice de 10 à 12 pour °/₀
» sur le commerce en gros ou en détail.

» Les recettes du trésor sur ces articles sont, savoir :

» 1° Pour le tabac..............	67,300,000 fr.
» 2° Pour les poudres.........	4,180,000
» 3° Pour les cartes à jouer.....	505,000
Total...............	71,985,000 fr.

» Ce serait *beaucoup* que d'évaluer à une trentaine de millions
» l'excédant de profit résultat du monopole de ces trois articles.

» Mais, *même en comptant de cette manière*, il y aurait encore
» *une quarantaine de millions* à déduire des charges publiques de
» la France.» Cette somme de quarante millions, jointe aux qua-
rante-deux millions de non-valeurs, forme quatre-vingt deux
millions de réduction sur l'évaluation donnée plus haut, ce qui,
selon M. Saulnier, réduit la cote moyenne du contribuable français à 31 fr. 04 cent.

Avant d'examiner le *total général* des charges ordinaires de la
France, que M. Saulnier nous a donné, nous allons apprécier
les chiffres qu'il a produits relativement aux tabacs, aux poudres
et aux cartes à jouer. Nous avons cité sa propre argumentation,
afin qu'on fût plus à même d'apprécier son impartialité.

Le produit de *la vente* des tabacs s'élève bien, comme il le dit, à 67,300,000 fr. ; mais je vois (budget f° 548 à 552) que les frais d'exploitation ne s'en élèvent qu'à 21,313,000. Dans cette somme se trouvent compris les achats de tabacs livrés par les planteurs, *tous* les frais de fabrication, de transport, de vente, etc., plus les frais d'un *personnel administratif* de trois cent dix fonctionnaires qui absorbe 935,000 francs, soit, pour chacun, un peu plus de 3,000 francs en moyenne. Si l'on considère ensuite qu'en France la *culture* du tabac est l'objet d'un monopole et que, dès lors, il faut payer le tabac en feuilles plus cher qu'on ne le paierait si la culture était libre ; si l'on veut apprécier qu'en général les gouvernemens actuels n'ont point le privilége de fabriquer au *plus bas prix* possible lorsqu'ils s'en mêlent, on reconnaîtra qu'en maintenant les 21,313,000 francs, on couvre largement *les frais de la matière première*, *les frais de manipulation et le bénéfice du commerce de gros et de détail.*

Tous les frais de fabrication, de transport et d'administration des poudres à feu s'élèvent (budget f° 546) à 2,383,000 francs. Sur le produit des cartes, l'état n'a à débourser que la bande légère qui ferme les paquets ; si cette dépense s'élève à 5,000 francs c'est beaucoup : et dans tous les cas cette dépense est sans utilité.

Ainsi là où M. Saulnier a trouvé à réduire 40 millions, *par évaluation*, nous ne trouvons *en réalité*, en puisant dans le budget de 1832 présenté par le gouvernement, qu'une réduction de :

1° Pour la fabrication, la vente et l'administration des tabacs......	21,313,000 fr.
2° Pour la fabrication, la vente et l'administration des poudres......	2,383,000
3° Pour les bandes des cartes à jouer......	5,000
TOTAL......	23,701,000 fr.

Ainsi lorsque M. Saulnier indique par évaluation *une quarantaine de millions* à déduire de la masse de nos impôts (voir page 27); nous ne trouvons en *réalité*, en nous appuyant sur les documens officiels que chacun peut consulter, que 23,701,000 fr.; *il y a donc là une erreur incontestable de 16,299,000 fr.*

Maintenant, pour bien apprécier *le total général* des recettes, nous croyons qu'il est préférable de rechercher la somme totale des dépenses; c'est plus logique et plus sûr en même tems.

Pour 1832, la dépense *ordinaire* portée au budget s'élève à .... 935,980,012 fr.

La liste civile, qui n'y est point comprise, à 13,000,000

Crédits supplémentaires réclamés depuis la présentation du budget.

Pour récompenses nationales.....	200,000 fr.	
Pour l'ancienne liste civile.......	600,000	
Pour les refugiés...............	500,000	
Pour les affaires étrangères.......	500,000	
Pour les travaux de la chambre...	70,000	
Pour les mesures sanitaires.......	1,000,000	
Pour la pêche.................	1,000,000	
Pour le génie.................	2,800,000	
Pour travaux d'utilité publique....	18,000,000 fr.	24,670,000 fr.

Dépenses qui ne figurent point au budget général.

Conseil royal de l'instruction publique.......................	3,645,515 fr.	
Dépenses faites sur le produit de taxe des brevets d'invention.......	430,000	
Légion-d'honneur.............	7,005,373	
Fabrication des monnaies........	2,846,180 fr.	13,927,068 fr.

Dotation et apanages de la couronne, environ...... . 7,000,000

TOTAL DE LA DÉPENSE.............. 1,014,577,080 fr.

M. Saulnier *évalue* la recette à 960 millions; or, comme nous devons supposer qu'il a pensé que la dépense et la recette devaient être égales, nous défalquons son évaluation de la dépense *réelle*, ci ... 960,000,000

DIFFÉRENCE................... 54,577,080 fr.

Voici donc encore une erreur de 54,577,080 fr. , qui jointe à celle de 16,299,000 fr., que nous avons déjà signalé (sur les tabacs et les poudres), forment ensemble un total de 70,876,080 fr.

Nous ne voulons point nous astreindre à disséquer les 42 millions qu'il a rayés en outre d'un trait de plume pour non-valeurs, primes, restitutions, etc.; il est certain que nous pourrions trouver là encore quelques millions à retrancher, notamment sur les 10 millions qui figurent dans cette somme pour primes d'exportation, ainsi que sur les amendes attribuées aux hospices, etc., etc.

Nous n'avons point porté dans notre redressement les 141,728,000 francs qui figurent au budget sous le titre modeste de crédits *extraordinaires*; nous avons également négligé les crédits supplémentaires réclamés par le ministère de la guerre; on n'aurait point sans cela manqué de nous répondre que ce ne sont point là des dépenses ordinaires. D'un autre côté, nous n'avons point tenu compte des économies qui seront obtenues par la chambre, par la raison qu'elle ne sont pas encore votées, on peut cependant en évaluer le chiffre à l'avance de 10 à 12 millions environ.

Il n'est pas inutile de faire remarquer qu'en France les crédits extraordinaires sont presque exclusivement consacrés aux dépenses de la guerre, dépenses essentiellement improductives; tandis qu'aux États-Unis, les impôts extraordinaires n'ont pour objet que le confectionnement de nouvelles routes, de nouveaux canaux, les défrichemens, etc.; toutes dépenses reproductives. M. Saulnier n'a point fait entrer dans la contribution moyenne de France les impôts extraordinaires, et en cela il a bien fait, mais il lui a été impossible de faire la même distinction en appréciant la contribution moyenne d'Amérique (1); il a dû dès lors en résulter de grandes inexactitudes dans ses appréciations.

---

(1) M. Fenimore Cooper a effectivement signalé de semblables confusions dans les articles de la *Revue Britannique*.

Quoi qu'il en soit cependant des classifications qui sont opérées dans les budgets français, quoi qu'il en soit de ces commodes distinctions entre dépenses ordinaires et dépenses extraordinaires, cela peut bien avoir quelques valeur de circonstance, cela peut bien servir à dissimuler, aux chambres qui les votent et à la nation qui les paient, l'importance des charges publiques; mais, si l'on veut jeter un regard sur le grand livre de la dette publique, sur le chiffre de la dette flottante; si l'on veut récapituler les ventes des forêts, on verra que, dans la période des 16 années qui viennent de s'écouler, les crédits extraordinaires ont bien pu revêtir successivement diverses formes, prendre successivement divers noms, mais qu'en résultat ils ont aggravé les charges publiques avec une désespérante régularité. Depuis 1816 :

Cent dix millions de rentes émises au capital de deux milliards deux cent millions,

Vingt-sept millions de rentes de l'émigration au capital de neuf cent millions,

Cent cinquante millions environ, empruntés pour le confectionnement des canaux (1).

Trois cent millions de dette flottante,

Deux cent millions à emprunter en 1832,

ont été les résultats des dépenses que les ressources dites ordi-

---

(1) Voici les principales affectations de cette somme qui jusqu'à ce jour a produit de si faibles résultats :

69,000,000 fr.	pour les canaux de Bretagne, du Nivernais, du duc de Berri, de la Loire.
27,000,000	pour le canal de Bourgogne.
6,000,000	d'Arles à Bonc.
10,000,000	de la Sensée.
10,000,000	de Monsieur.
8,000,000	des Ardennes,
6,000,000	de la Somme.
3,000,000	de l'Oise.
2,500,000	d'Aire à la Bassée.

141,500,000 fr.

naires ne sont point destinées à couvrir. Pour peu qu'on examine les budgets qui ont été votés depuis quinze ans, pour peu qu'on les suive jusqu'au réglement définitif des comptes, on verra que les prévisions officielles ont toujours été dépassées, et que les crédits accordés ont toujours été insuffisans.

En présence de pareils faits, et lorsqu'on voit les Américains rembourser leurs dettes avec les *excédans* du revenu de leurs douanes; lorsqu'on voit ce remboursement s'effectuer avec une rapidité telle, qu'en 1833, selon M. Saulnier lui-même, la dette fédérale sera entièrement éteinte (1), on ne comprend point, en vérité, comment il se fait que le parti ministériel et le ministère lui-même aient cherché à établir un parallèle *purement financier* entre la France et les États-Unis.

Lorsque nous disons qu'on ne conçoit point une semblable inconséquence, il est bon cependant de s'entendre et de faire la part des circonstances; un grand malaise afflige le pays, chacun se plaint, la souffrance est partout; quant aux causes, quant aux moyens d'y remédier, chacun les signale suivant ses préoccupations, suivant ses préjugés, suivant ses intérêts immédiats et le milieu dans lequel il se trouve placé.

Les classes riches, les gouvernans, ceux qui font la loi et qui dès lors désirent par-dessus tout le *statu quo*, attribuent le malaise social aux révolutions; il en est de ce jugement comme de celui que nous avons dit qu'on portait sur la *taxe des pauvres*, considérée comme *plaie* de la Grande-Bretagne : on prend encore ici l'effet pour la cause.

Les producteurs, ceux qui n'ont que leur travail pour vivre, se plaignent de leur côté de l'énormité des impôts et font retomber sur le gouvernement l'irritation que leur occasionne la souf-

---

(1) Le rédacteur de la *Revue Britannique* a prétendu que « les dettes des vingt-quatre républiques n'avaient point d'analogue en France : » les emprunts des villes, et notamment ceux de la ville de Paris, sont néanmoins d'une assez grande importance pour pouvoir être comptés.

france qu'ils éprouvent ; ils confondent en cela le *fond* avec la *forme*. Ils sont toutefois bien excusables ; le mode actuel de la répartition des charges publiques et le mauvais emploi qu'en général on en fait peuvent expliquer bien des choses.

Les charges publiques sont loin cependant d'être pour les travailleurs le fardeau le plus insupportable ; la législation fiscale n'opprime point les travailleurs sous la seule forme et dans la seule proportion du budget annuellement voté ; les restrictions, les prohibitions commerciales, complètent et fortifient le réseau qui les enserre de toutes parts. Pour n'en citer qu'un exemple, nous jetterons les yeux sur ce qui se passe actuellement à Marseille : les blés dans l'entrepôt valent 17 fr. 34 c. par hectolitre (1). En vertu de la loi ils ne peuvent être livrés à la consommation, et par suite » les boulangers se sont vus forcés de ne plus fabriquer » que *la moitié* de leur produit ordinaire, ce qui a laissé manquer » plusieurs habitans du pain nécessaire à leurs besoins (2) ». Hors de l'entrepôt le blé valait 30 f. 40 c. l'hectolitre, c'est donc une surtaxe de 15 f. somme ronde, qui est résultée de la législation qui régit encore aujourd'hui le commerce des grains. Voyons quel est l'impôt moyen annuel que cette surtaxe occasionne pour trois ou quatre millions de Français, que le marché de Marseille pourrait plus directement approvisionner. La consommation moyenne du pain varie entre une livre et une livre et demie par jour et par tête ; les classes riches consomment moins d'une livre, les classes pauvres, dont le pain est la principale nourriture, en consomment environ une livre et demie.

Une livre de pain par jour équivaut à deux hectolitres quarante trois centièmes de blé par an (3) ; une livre et demie

---

(1) Voir le rapport de M. Charles Dupin, du 5 mars 1832, f° 17.

(2) Voir le *National* du 2 mars et *l'Écho* du 26 février.

(3) Voir l'exposé des motifs de la loi des céréales, *Moniteur* du 18 oct. 1831. Un hectolitre pèse soixante-quinze kilogrammes ; un kilogramme de blé rend un kilogramme de pain.

représente *trois hectolitres* soixante-cinq centièmes. Le terme moyen de la consommation par jour et par tête en France est donc trois hectolitres, et une fraction légère. En conséquence l'impôt annuel que les propriétaires terriers ont prélevé, sur la ville de Marseille et sur le rayon que ce port peut approvisionner, équivaut à 39 francs par tête. (On trouve ce chiffre en multipliant la surtaxe de 13 francs par 3, nombre des hectolitres qu'on consomme moyennement.) On dira sans doute que cet état de choses est exceptionnel ; on n'aura point tort, mais dans une certaine limite cependant ; car M. Charles Dupin, dans le dernier travail qu'il a présenté à la Chambre (1), a établi que dans une période de dix années (de 1821 à 1831), la surtaxe avait varié entre 6 fr. 39 c. et 15 fr. 38 c. par hectolitre ; *la moyenne de ces dix années*, calculée par M. Charles Dupin, est de 9 fr. 89 c., qui, à raison de trois hectolitres, ont formé pendant ces dix ans une surtaxe annuelle de 29 fr. 67 c. par tête ; c'est-à-dire *une somme à peu près égale au chiffre total de l'impôt*.

De semblables rapprochemens sont de nature à détruire tous les calculs qu'on voudrait établir sur la quotité des charges publiques ; ils indiquent qu'il y a dans l'ordre social actuel de profondes modifications à introduire, et ils avertissent qu'il faut avant tout se préoccuper du soin de les obtenir successivement.

M. Saulnier avait bien mieux senti les nécessités politiques et financières du moment, lorsqu'il s'élevait contre le luxe de l'état militaire en France, et contre le maintien intégral de l'amortissement. En signalant ces deux grands chapitres des dépenses publiques, comme les seuls capables d'éprouver d'importantes

______

(1) Rapport sur la loi des céréales. Les résultats de ce rapport doivent introduire quelques améliorations à l'ordre de choses actuel, mais ils sont loin de présenter les avantages qui devaient résulter du projet de loi du gouvernement. Nous traiterons ailleurs cette importante question.

réductions , il a bien jugé la valeur des questions financières qui devaient dominer la discussion du budget. C'est là surtout ce qui aurait dû, dans le travail de M. Saulnier, fixer l'attention du président du conseil des ministres ; il aurait pu également y remarquer le passage remarquable dans lequel un vaste système de travaux publics, routes, canaux, chemins de fer, s'y trouve indiqué (1). C'est par de semblables mesures seulement qu'il est possible au pouvoir d'influer aujourd'hui sur le développement du travail et sur la prospérité générale.

ÉMILE PEREIRE.

11 mars 1832.

---

(1) Nous avons déjà publié, dans ce recueil, un article (*Revue Encyclopédique*, Cahier d'octobre 1831, Examen du budget de 1832) dans lequel ces questions ont été traitées dans le même sens; voici ce que nous disions : « Pour faciliter la construction des chemins de fer, on pourrait accorder aux concessionnaires des entreprises qui , à l'avenir, pourront être fondées , la faculté d'introduire, en franchise de droits , des fers étrangers pour l'emploi *spécial* des chemins en construction. Cette disposition transitoire, toute d'intérêt général , ne préjugerait en rien la grande question de l'abaissement du tarif des fers et des fontes. »

Imprimerie d'Éverat, rue du Cadran, n° 16.

www.ingramcontent.com/pod-product-compliance
Lightning Source LLC
LaVergne TN
LVHW012309050726
842524LV00004B/1289